SUELY
ROLNIK

ANTROPO-
FAGIA
ZUMBI

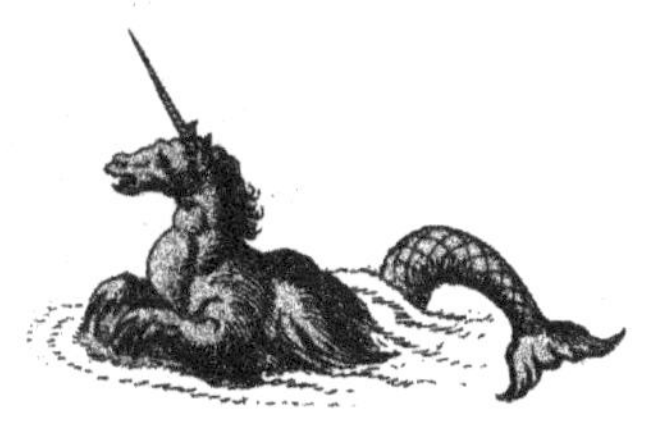

CADERNOS
ULTRAMARES

ORGANIZAÇÃO E PROJETO GRÁFICO

Marcos Lacerda, Ana Paula Simonaci e Sergio Cohn

CONSELHO EDITORIAL

André Botelho
Bernardo Esteves
Boaventura de Souza Santos
Evelyn Goyannes Dill Orrico
Fréderic Vanderberghe
José Luis Garcia
Maria João Cantinho
Renato Rezende
Teresa Arijón
Vagner Amaro

ISBN 9786586962499

azougue press |
coordenação geral Sergio Cohn
coordenação editorial
Sergio Cohn — Darien Lamen — Cristián Jiménez Plaza
Brasil | CNPJ 12.272.339/0001-26
Portugal | Oca Editorial NF 515805394
USA | E. Id. 803650511
Chile | Tucán Ediciones RUT 77.369.106-1

A proposta dos Cadernos Ultramares é transpor fronteiras. Não apenas geográficas, com a edição de um amplo panorama do pensamento brasileiro para o público português, mas também entre as áreas do saber, criando uma coleção transdisciplinar, acessível não apenas para leitores especializado, pesquisadores e acadêmicos, como para interessados em geral.

Para isto, os Cadernos Ultramares privilegiam a leveza do ensaio, a "brigada ligeira", utilizando-se de um gênero marcado pela abertura e experimentação, uma forma privilegiada para a proposição e a apresentação de interpretações da cultura e da sociedade. Nos últimos anos, o gênero ensaio tem sido revalorizado como um importante meio de diálogo entre a pesquisa acadêmica e a sociedade.

O Brasil possui uma produção riquíssima de pensamento em diversas áreas, que vão da física à antropologia, da matemática às artes. Os Cadernos Ultramares, ao trazerem importantes textos de alguns dos nossos mais renomados pensadores, sejam clássicos ou contemporâneos, busca possibilitar ao leitor um olhar amplo e qualificado sobre essa produção.

Interessa-nos a constituição de um diálogo entre áreas, de uma conversa aberta que escape das armadilhas do pensamento especializado e do produtivismo acadêmico. Interessa, antes de tudo, a valorização do encontro do leitor com o sabor do texto, do prazer da leitura e da troca livre de pensamento.

apresentação

por Ana Paula Simonaci

Suely Rolnik (1948) é uma das pensadoras mais originais em atividade no Brasil. Psicanalista, curadora e crítica de arte e cultura, Suely criou uma trajetória transdisciplinar, que passa de um pesquisa clínico-política, informada por autores como Deleuze e Guattari, para um mergulho no pensamento da arte contemporânea, em especial de artistas como Lygia Clark e Tunga.

Suely fez a sua formação acadêmica e profissional em Paris, onde se exilou entre 1970 e 1979. Segundo rememora, "Quando saí do Brasil, eu fazia Ciências Sociais na USP, tinha acabado o primeiro ano. Na França continuei fazendo Sociologia e Antropologia pois este campo, na época, era atravessado por um movimento de elaboração crítica de questões que precisavam ser pensadas num plano macropolítico. Mas me fazia muita falta pensar a dimensão micropolítica da realidade, que engloba as políticas de subjetivação e de desejo as quais definem o lugar que se atribui ao outro, o tipo de relações sociais que se estabelece, os contornos de nosso imaginário, de nossos sonhos etc. e tal. Embora eu ainda não tivesse condições de articulá-lo teoricamente, eu tinha a convicção de que enquanto não se tocasse nesse plano, não se teria clareza a respeito do que está causando mal-estar, do que está sendo o ponto de tensão na vida individual e coletiva, seus focos de intolerável, e que necessitam ser enfrentados para que se operem verdadeiras mutações históricas. Na França esta indagação me levou a me aproximar por um lado da Filosofia, em busca de instrumentos conceituais para articular estas questões teoricamente, então fiz a Graduação de Filosofia em Vincennes, onde acompanhei por muitos anos as aulas de Deleuze, Lyotard, Chatelet, etc. A mesma indagação, por outro lado, me levou a me aproximar da Psicoterapia Institucional e da Análise Institucional, por intermédio do Guattari e da clínica de La Borde, em busca de instrumentos de intervenção efetiva nesta dimensão da realidade. Por conta disso, acabei fazendo graduação, mestrado e Doutorado Clínico (D.E.S.S.) de Psicologia em Paris VII. Para minha geração, aquela era uma época de combate ferrenho à política da subjetivação própria da família burguesa, com a qual não nos identificávamos absolutamente; e não se tratava de uma questão ideológica ou filosófica, era uma impossibilidade real de se identificar com aquilo, de se estruturar segundo aqueles padrões. Então, fazia parte da luta da minha geração tentar criar uma outra forma de viver, outra política de desejo. Este lugar entre a Sociologia, uma certa Filosofia e uma certa Psicologia me permitia dar conta, pelo menos um pouco mais, destes processos que me apaixonavam e me desesperavam ao mesmo tempo."

De volta ao Brasil, vai lecionar na PUC-SP onde permance desde então, tendo fundado o Núcleo de Estudos da Subjetividade no Programa de Pós-Graduação de Psicologia Clínica e a revista Cadernos de Subjetividade. Nesta mesma Universidade, doutorou-se em Psicologia Social em 1987 e tornou-se Professora Titular em 1993. Autora de diversos livros e ensaios, entre eles *Cartografia sentimental — transformações contemporâneas do desejo* (1989) e *Micropolítica — Cartografia do desejos* (em colaboração com Félix Guattari, 1986). Foi tradutora, entre outros, dos Vol. III e IV de *Mille Plateaux,* de Deleuze e Guattari (1997). Como Suely mesma descreve, sua investigação "sempre esteve focada na micropolítica dominante no regime colonial-capitalístico em seus sucessivos desdobramentos – em outras palavras, seu foco é o modo de produção de subjetividade que dá consistência existencial a cada um destes desdobramentos. Um trabalho conceitual que parte da decifração das dinâmicas micropolíticas reativas próprias a cada um destes contextos e da escuta da emergência de práticas coletivas desviantes das mesmas. Para viabilizá-lo, sua perspectiva teórica foi, também desde sempre, transdisciplinar (sociologia, antropologia, filosofia, psicanálise, arte, estudos críticos sobre colonialidade, sexo-gênero, racismo etc.), sendo tal perspectiva intrínsecamente implicada numa pragmática clínico-política. Da mesma forma e desde sempre, sua atuação foi migrando de um campo a outro, atraída pela emergência de práticas de intervenção micropolítica na produção do pensamento e no ativismo provocadoras de sinergia coletiva para sustentar desvios nesta esfera".

Em 2011, Suely publica seu *Arquivo para uma obra-acontecimento*, criando um panorama amplo, a partir de múltiplas vozes, sobre os processos artísticos e o pensamento de Lygia Clark. Constando de 53 entrevistas audiovisuais, o arquivo consta com depoimentos de artistas como Caetano Veloso, Jards Macalé, Anna Maria Maiolino, Rubens Gerchman, Tunga, Antonio Dias e Ricardo Basbaum, e críticos como Guy Brett, Yve-Alain Bois, Ferreira Gullar, Frederico Morais, Paulo Sérgio Duarte e Paulo Herkenhoff, entre outros. Segundo Afonso Luz, na apresentação da caixa, "Temos em mãos um dispositivo digital para a memória e sua conservação, um procedimento para o qual os técnicos da área de patrimônio e documentação deveriam atentar. Ao dar voz aos personagens que vivenciaram sentidos imediatos nessas proposições da artista em sua época, ela acaba propondo que esses mesmos indivíduos se reapropriem dessas suas 'experiências experimentais' e devolvam-nos as obras restauradas em sua integridade histórica. Suely cria um paradocumento, uma técnica psicanalítica para o restauro patrimonial do material artístico. Seria uma espécie de catálogo vivo, ainda que atípico, uma reprodução, ou uma reedição, para devolver qualificadamente os objetos aos circuitos de espectadores, por que não?". O projeto foi considerado um dos dez melhores de arte contemporânea daquele ano pela revista norte-americana *ArtForum*.

Após ter participado por mais de uma década do debate internacional sobre a relação entre arte e política, com uma série de curadorias, escritos e conferências focados na potência micropolítica da arte, assim como na resistência ao uso micropolítico que faz dela o assim chamado "sistema da arte" sob capitalismo financeirizado, a partir da década de 2010 Suely migrou para o terreno da atual guinada do capitalismo em direção a um conservadorismo mortífero que acompanha a expansão globalitária do regime em sua dobra financeirizada e neoliberal, tendo publicado uma série de ensaios que reuniu em um livro intitulado *Esferas da insurreição — notas para uma vida não cafetinada*, pela N-1 Edições.

Segundo Paul B. Preciado, "Este livro é como uma belíssima larva que cresce no esterco: a ondulação e a suavidade aveludada do pensamento de Suely Rolnik, seu riso contagioso, a falta de vergonha e de medo lhe permite entrar nas camadas mais obscuras do fascismo contemporâneo, nos guiar nos lugares que mais nos aterrorizam e tirar dali algo com o que construir um horizonte de vida coletiva. Rolnik é uma artista cuja matéria é a pulsão, uma cultivadora dos bichos-de-seda da 'izquierda bajo la piel'. Não se pode pedir mais de uma escritora: devir-larva, cartografar a lama com a mesma precisão com que outro cartografaria uma mina de ouro."

É esta postura corajosa de pensamento e intervenção na sociedade que encontramos nos dois ensaios publicados neste volume. "Antropofagia Zumbi" foi escrito em 2005 e publicado inicialmente neste mesmo ano em *Mouvement. L'indiscipline des Arts Visuels*, nº 36-37, PP. 56-67. Paris : Artishoc, sept-décembre 2005; e em IVET, Curlin; NATASA, Ilic (Org). *Collective Creativity dedicated to anonymous worker.* Kunsthalle Fridericianum: Kassel, 2005. No Brasil, foi publicado em 2008 pela revista *Azougue*, no número temático sobre "Traição/Vínculo". Desde então vem sendo publicado como ensaio em diferentes países, tendo sido publicado como livro, em 2012, na França, junto com o Manifesto Antropófago de Oswald de Andrade (Manifeste Anthropophage / An- thropophagie Zombie. Paris: Black Jack éditions, diffusion/distribution Les Presse du réel) e em 2018 na Alemanha/Áustria (Zombie Anthropophagie. Zur neoliberalen Subjektivität. Vienna/Berlin: Turia + Kant).

Para esta publicação a autora decidiu manter o ensaio com as marcas da época em que foi escrito (2005). Segundo suas próprias palavras, "como as ideias nele expressas surgem dos afetos daquele momento, e nisto reside seu sentido, decidi não "revisá-las", mas apenas "revisitar" algumas delas que, diante do quadro sinistro que se instalou hoje no planeta, pedem para ser retomadas, complexificadas ou até abandonadas. Nestes casos, inseri novas notas de rodapé, nas quais esboço possíveis direções conceituais que estabeleçam passagens entre os afetos do passado e aqueles do presente, com o intuito de tornar o texto mais proveitoso para pensar e agir no atual estado de coisas. Afinal para que serve pensar e publicar o que se pensa, se não for para enfrentar as mazelas do presente, aquelas em que a vida se vê deteriorada?"

Isto já não acontece com o segundo ensaio, "O que os Guarani nos ensinam sobre micropolítica", pois este é um texto recente, escrito em agosto de 2018 e, desde então, objeto de conferências e *workshops*, com variações em função dos países e dos diferentes contextos em que foi apresentado em cada um deles – territórios acadêmicos, artísticos, ativistas, ou tudo isso ao mesmo tempo.

ANTROPO-FAGIA ZUMBI

Cena 1. Os índios Caeté dançam ao redor de um caldeirão onde, sobre um fogo crepitante, cozinham o corpo despedaçado de Sardinha, primeiro bispo do Brasil. O bispo naufragara ao chegar à terra recentemente conquistada, para onde viera com a missão de dar início à catequese da população nativa em nome da Igreja portuguesa. Os índios o devoram junto com os noventa membros da tripulação que o acompanham. Este é o episódio fundador da história da catequese no Brasil, empreendimento que visou estabelecer as bases subjetivas e culturais para a colonização do país[1].

1 Nossa Senhora da Ajuda, o barco que trazia o bispo Pedro Fernandes de Sardinha e uma tripulação de noventa homens, foi afundado perto de Coruripe (hoje no Estado de Alagoas), em 16 de junho de 1556. Como vingança, os índios foram exterminados ao longo de cinco anos de batalhas sangrentas, levadas pelo governo português com o apoio da Igreja. Apesar das versões divergentes a respeito do curso real dos acontecimentos, a tese do "banquete" é sustentada por documentos históricos, inclusive por cartas escritas por jesuítas da época.

Cena 2. Hans Staden[2], um aventureiro alemão, se vê capturado pelos índios Tupinambás, os quais o mantém prisioneiro para matá-lo e devorá-lo num banquete ritual coletivo. Mas, chegado o momento, os nativos decidem renunciar ao festim: sentem que falta àquela carne os sabores da valentia, o que lhes tira o desejo de devorá-la; desta vez, o apetite antropofágico não será saciado. A narrativa desta aventura, contada pelo próprio Staden, funda a literatura de viagens do Brasil colonial.

Estes são os dois mais famosos informes do banquete antropofágico praticado pelos nativos tendo como iguaria os europeus que vinham explorar seus mundos. Destacam-se no imaginário dos brasileiros como duas facetas de um dos mitos fundadores do país concernentes à política de relação com o outro e

2 Hans Staden (1527-1578) foi um aventureiro alemão que esteve no Brasil duas vezes em 1548 e 1555, tendo numa delas naufragado na costa de Itanhaém (atualmente estado de São Paulo). Capturado pelos índios, permaneceu cativo nove meses e acabou sendo libertado pelos próprios nativos que decidiram não devorá-lo. Tornou-se famoso por seu relato de viagem ao Brasil nos início da colonização, publicado em 1557, com o título *Wahrhaftige Historia (A verdadeira história dos selvagens)*. Combinação de ficção e narrativa sobre a vida cotidiana, ilustrada por gravuras, seu livro têve notável influência em escritores viajantes ao longo dos séculos XVI e XVII do Brasil colonial. É considerado o fundador deste gênero literário e, portanto, da figura do homem dos trópicos como "exótico selvagem" que marcou o imaginário do colonizador europeu.

sua cultura, particularmente o outro como predador de seus recursos — sejam eles materiais, culturais ou subjetivos.

Porque duas cenas distintas? Podemos supor que a diferença entre estes dois tipos de reação dos povos originários diante da presença do explorador nos dá uma chave possível para a política de sua relação com o outro. Segundo a legenda, tragar o bispo Sardinha e sua tripulação lhes permitiria apropriar-se da força do colonizador. Para qualificar tal força, diríamos que ela corresponde à potência cultural do colonizador expressa em sua vontade de catequese; devorá-la, alimentaria a potência de afirmação de sua própria cultura. Enquanto que não comer Hans Staden, os protegeria de contaminar-se com a covardia daquele estrangeiro. Mas o que entender por covardia neste caso particular?

A covardia deste europeu estava provavelmente em sua ausência de si e na idealização de seu outro, que lhe servia para nutrir suas ilusões metafísicas e apaziguar seu mal-estar impregnado de culpa por seu poder colonial. Tal visão de mundo tinha como motivação evitar o confronto com a violência macro e micropolítica inerente à colonização. A violência micropolítica que ele não tinha como enfrentar consistia na desterritorialização das imagens de si e do mundo provocada pelo encontro com este seu outro, à qual o obrigaria a mobilizar sua pulsão criadora para transfigurar-se em função dos efeitos deste outro em seu corpo. Em outras palavras, àquele alemão faltava a coragem de afirmar sua própria singularidade no embate com o outro e a potência de sua pulsão vital para a transfiguração que o feito deste encontro lhe exigiria. É provavelmente a vibração desta falta de vitalidade que o corpo daquele estrangeiro emanava, o que terá levado os Tupinambás a desprezá-lo como objeto a devorar.

Na década de 1920, esse mito foi reativado pelas vanguardas modernistas de São Paulo e assumiu um lugar proeminente no imaginário cultural, extrapolando a literalidade do ato de devorar praticado pelos índios. Conhecido como Movimento Antropofágico, este adotou a fórmula ética da relação com o outro e sua cultura, ritualizada através desta prática, e a transferiu à sociedade brasileira como um todo. Esta seria, segundo o ideário antropofágico, a política dominante de resistência e criação na subjetividade do país, a qual tal ideário propunha assumir como valor.

Quais são os elementos constitutivos dessa fórmula? O outro é para ser devorado ou abandonado. Não é qualquer outro que se devora. A escolha depende de avaliar como sua presença afeta o corpo em sua potência vital: a regra consiste em afastar-se daqueles que a debilitem ou a mantenham no mesmo lugar e aproximar-se daqueles que a fortaleçam. Quando a decisão é pela aproximação, a regra consiste em permitir-se ser afetado o mais fisicamente possível: tragar o outro em suas potências vitais, absorvendo-o no corpo, de modo que as partículas de sua admirada e desejada diferença sejam incorporadas à alquimia da alma, e assim se estimule o refinamento, a expansão e o devir de si mesmo.

O Movimento Antropofágico torna visível a presença ativa desta fórmula num modo de produção cultural que estaria em funcionamento desde a fundação do país: a cultura brasileira nasce sob o signo da devoração crítica e irreverente de uma alteridade que foi desde sempre múltipla e variável. A ideia de Antropofagia é uma resposta à necessidade de afrontar não só a presença impositiva das culturas colonizadoras, mas também — e sobretudo — o processo de hibridação cultural como parte da experiência vivida no país. Este se formou através de diferentes ondas de imigração que o povoaram de sua origem até hoje. O critério de seleção para que uma cultura seja admitida no banquete antropofágico não é seu sistema de valores em si, nem seu lugar em qualquer espécie de hierarquia de saberes, mas se o sistema em questão funciona para aquele que o absorve, com o que funciona, em que medida mobiliza ou não suas potências particulares, e em que medida lhe proporciona ou não meios para criar mundos a partir do que lhe pede a vida naquele momento. Isto jamais vale para um sistema em sua totalidade, mas apenas para alguns de seus fragmentos que podem ser articulados, de maneira totalmente inescrupulosa, com fragmentos de outros sistemas que tenham sido previamente devorados. A prova para estabelecer se os fragmentos de uma cultura funcionam de modo positivo é avaliar se produzem alegria. "A alegria é a prova dos nove", como o afirma duas vezes o *Manifesto da Poesia Pau Brasil*[3], a prova de uma palpitante vitalidade.

Abordadas dessa maneira, as culturas perdem toda conotação identitária (suposta totalidade estável e fechada sobre si mesma), toda possibilidade de ocupar uma posição definitiva em qualquer hierarquia de conhecimentos que possa ter sido estabelecida *a priori*, independentemente desta posição ser oficialmente considerada como superior ou inferior. E isto não vale menos para o conhecimento dos colonizadores do que para o dos próprios colonizados ou de qualquer outro povo. Como afirma o antropólogo brasileiro Darcy Ribeiro: "A colonização no Brasil se fez como esforço

3 "Manifesto da Poesia Pau-Brasil" (1924). In: *A Utopia Antropofágica. Obras Completas de Oswald de Andrade*. São Paulo: Globo, 1990.

persistente de implantar aqui uma europeidade adaptada nesses trópicos e encarnada nessas mestiçagens. Mas esbarrou, sempre, com a resistência birrenta da natureza e com os caprichos da história, que nos fez a nós mesmos, apesar daqueles desígnios, tal qual somos, tão opostos a branquitudes e civilidades, tão interiorizadamente deseuropeus como desíndios e desafros"[4].

Não poderiam estas mesmas palavras aplicar-se a uma descrição da subjetividade contemporânea? E isto em qualquer parte do mundo, visto que, sob o império trasnacional do capitalismo financeiro, todos as partes se parecem entre si? Refiro-me à política de subjetivação estabelecida pelo regime que se instalou por todo planeta a partir do final dos anos 1970. Esta caracteriza-se igualmente pela hibridação de mundos, a dissolução de toda hierarquia no mapa mundial das culturas e a impossibilidade de nutrir qualquer ilusão de estabilidade ou de identidade — e tudo isso temperado com fartas doses de liberdade, flexibilidade e irreverência. Tais características da subjetividade contemporânea, aliás, foram e continuam sendo recebidas com entusiasmo, tendendo inclusive a provocar um deslumbramento generalizado, cujo avesso, como

4 Darcy Ribeiro, *O Povo Brasileiro. A formação e ou sentido do Brasil.* São Paulo: Companhia das Letras, 1995.

veremos, é uma alienação de efeitos extremamente perversos.

Cinco séculos de Antropofagia no Brasil nos ensinam que há poucas razões para alegrar-se com este tipo de situação: a hibridação, a flexibilidade, a liberdade de experimentação e a irreverência por si mesmas não asseguram, de modo algum, a vitalidade de uma sociedade. É que elas podem ser vividas segundo diferentes micropolíticas: desde a afirmação das forças mais criadoras até a mais servil flexibilidade, cujo corolário é a mais perversa instrumentalização do outro. No Brasil, embora haja uma variedade de posições entre estes dois extremos da micropolítica antropofágica, seus polos ativos e reativos, a balança tende frequentemente para o polo reativo.

A elaboração crítica da experiência antropofágica brasileira poderia contribuir para problematizar a subjetividade contemporânea própria do regime do capitalismo financeirizado? Mais específicamente: poderia ela contribuir para problematizar a política da relação com o outro, bem como o destino da potência de criação, inerentes a esta nova figura da subjetividade? Em última instância, poderia a experiência antropofágica contribuir para "curar" a atual fascinação cega perante a flexibilidade e a liberdade de hibridação recentemente adquiridas no mundo do capitalismo globalizado?

Para responder estas perguntas serão previamente necessárias duas digressões. A primeira abordará um paradoxo inerente à subjetividade humana e o estatuto deste paradoxo no processo de subjetivação. E a segunda, uma genealogía da política de subjetivação dominante no presente.

DIGRESSÃO PRELIMINAR 1

PARADOXO: FORÇA MOTRIZ DO PROCESSO DE SUBJETIVAÇÃO

Conhecer e relacionar-se com a alteridade do mundo enquanto matéria implica na ativação de diferentes potências da subjetividade, dependendo se a matéria-mundo é captada prioritariamente como conjunto de formas ou como campo de forças. Conhecer o mundo como forma convoca a percepção; já conhecer o mundo como força convoca o afeto que se engendra no encontro entre o corpo, enquanto campo de forças — constituído pelas ondas nervosas que o percorrem — e as forças do mundo que o afetam. Neste tipo de relação com o mundo, novos blocos de afetos pulsam na subjetividade-corpo na medida em que esta vai sendo tocada por novas experiências da variada e variável alteridade do mundo.

"Percepção" e "afeto" referem-se a potências distintas de apreensão do mundo. A percepção do outro traz sua existência formal à subjetividade (uma forma sobre a qual se projeta um sentido, a partir da cartografia vigente de representações visuais, auditivas, etc.); já o afeto traz para a subjetividade a presença viva do outro. É por este *afeto de vitalidade* que podemos avaliar se o outro em questão produz um efeito de intensificação ou de enfraquecimento das forças vitais específicas que nos compõem. O efeito desta presença viva não pode ser representado ou descrito, mas apenas expresso, num processo que requer invenção, a qual se concretiza performáticamente: numa obra de arte, mas também num jeito de ser, sentir ou pensar, numa forma de sociabilidade, num território de existência, etc.

Entre esses dois modos de apreensão do mundo, irredutivelmente distintos tanto em sua lógica como em sua temporalidade, há uma disparidade inelutável. Este paradoxo é constitutivo da condição humana, fonte de sua dinâmica e força motriz por excelência dos processos de subjetivação. Em outras palavras, tal dissonância é deflagradora dos processos inesgotáveis de criação e recriação da realidade de si e do mundo. É que ela acaba por colocar as formas que se travavam na época em que este texto foi escrito (2005) da realidade em xeque, à medida que estas se tornam um obstáculo para integrar as novas conexões do desejo que provocaram a emergência de um novo bloco de afetos. Com isso, tais formas deixam de ser condutoras do processo, esvaziam-se de vitalidade, perdem sentido. Instaura-se então na subjetividade uma crise que pressiona, causa assombro, dá vertigem. Uma espécie de sinal de alerta acionado pela vida quando esta se depara com um perigo de asfixia.

É para responder a essa incômoda pressão que a vida, em sua natureza de potência de invenção e de ação, é mobilizada na subjetividade. O assombro força a expressar uma nova configuração da existência, uma nova figuração de si, do mundo e das relações entre ambos — é para isso que se mobiliza a potência de criação (o *afeto artístico*). O mesmo sentimento força, igualmente, a agir para que essa configuração se afirme na existência e inscreva-se no mapa em vigor como uma realidade compartilhada, sem o que o processo não vinga — é para isso que se mobiliza a potência de ação (o *afeto político*, tanto em sua vertente construtiva, quanto em sua vertente de resistência às forças de opressão). A culminação deste processo é a passagem de uma realidade virtual, intensiva e vibrátil para uma realidade atual e objetiva; passagem desencadeada pela dissonância entre os dois tipos de experiência subjetiva face à alteridade. Chamarei esta passagem de "acontecimento": este consiste, pois, na criação de um mundo, aquilo que põem o mundo em obra.

Na relação com o mundo como forma, a subjetividade se orienta no espaço de sua atualidade empírica e pode situar-se a si mesma na respectiva cartografia de representações. Já na relação com o mundo como campo de forças, a subjetividade se orienta no diagrama de afetos — efeitos da irredutível presença viva do outro — e pode situar-se como ser vivo entre seres vivos. E, por fim, na relação com o paradoxo que caracteriza a ligação entre estas duas experiências da subjetividade, esta se orienta na temporalidade de sua pulsação vital e se define enquanto *acontecimento*, seu devir-outro.

Este processo faz de toda e qualquer forma de subjetividade uma configuração efêmera em equilíbrio instável. Assim sendo, políticas de subjetivação são plásticas, elas se deslocam e se transformam; emergem em função de novos diagramas de forças e da perda de sentido das cartografias existentes. Variam assim de acordo com os contextos sócio-culturais, dos quais elas são a consistência subjetiva e existencial. O que determina esta especificidade é, entre outros fatores, sua a política dominante de produção de conhecimento própria a cada contexto: o lugar que ocupam os dois modos de abordagem do mundo, a dinâmica de sua relação e o estatuto do paradoxo que a constitui.

Como podem tais considerações serem usadas para problematizar a política de subjetivação que entra em vigor na segunda metade dos anos 1970 e princípio dos 1980? E quais são as ressonâncias entre este tipo de subjetividade e o assim chamado "antropofágico"?

DIGRESSÃO PRELIMINAR 2
O COLAPSO DO SUJEITO MODERNO

Responder a estas perguntas implica em voltar uma década para trás, o final dos anos 1960 e o início dos 70, quando a longa falência do assim chamado "sujeito moderno" — um processo de declínio que começa no final do século XIX — alcança seu ápice, provocando uma importante crise social, cultural e política. Quando menciono o sujeito moderno, refiro-me à figura do "indivíduo" com sua crença na possibilidade de controlar a natureza, as coisas e a si mesmo por meio da vontade e da razão, sob comando do ego. De que tica de produção de conhecimento depende este modelo de subjetividade em crise?

Sustentar a ilusão de controle das turbulências da vida depende, de um lado, de uma anestesia da capacidade vibrátil do corpo com a qual a subjetividade decifra e avalia as forças que agitam sua alteridade e, de outro, de uma hipertrofia de sua capacidade cognitiva objetivante, com a qual a subjetividade avalia e decifra as formas em função dos códigos vigentes. A experiência subjetiva tende então a restringir-se aos limites de seu atual território e sua respectiva cartografia, os quais são por ela reificados. Com isso, é negada e reprimida a experiência essencial do paradoxo entre, de um lado, a cartografia em uso e, de outro, o novos diagrama de afetos, efeitos da presença viva do outro no próprio corpo. Nesse contexto, a causa dos sentimentos de falta de sentido e do assombro que este processo provoca torna-se desconhecida. Como consequência, as potências de criação e de ação, naturalmente acionadas pela experiência de perda de referências, encontram-se dissociadas dos afetos, estes signos das forças que pedem decifração e invenção de algo que as torne sensíveis. Tais potências perdem assim sua força crítica em relação às orientações vigentes. Isso dá lugar a um sentimento de si espacializado, separado do mundo e da temporalidade, supostamente totalizado e estável — daí a ideia de "indivíduo", com sua também suposta interioridade. Com esta forma de subjetividade governada pelo princípio de identidade, instala-se uma anestesia ao outro, elemento essencial da política dominante de subjetivação que tomou forma entre os séculos XVII e XVIII.

É precisamente esta a figura da subjetividade que começa a entrar em declínio no final do século XIX, processo que atingirá seu ápice no século XX após a segunda guerra mundial. As causas do colapso deste modelo foram amplamente estudadas e não caberia abordá-las aqui. Um aspecto, no entanto, vale a pena sublinhar para nosso propósito: na nova paisagem que se esboça a partir do final do século XIX em diante, a subjetividade é crescentemente exposta a uma diversidade de mundos muito maior e mais velozmente cambiante do que havia conhecido até então e que excede tudo aquilo para o qual ela estava equipada psíquicamente. Impõe-se então a necessidade de uma negociação entre o virtual e o atual, de modo a incorporar os novos estados que são incessantemente engendrados no corpo e que já não podem ser contidos em seu estado de represssão, tal como o haviam sido nas políticas de subjetivação modernas.

Feitas estas duas digressões preliminares, agora dispomos de elementos para buscar vias de resposta para as questões concerentes à política de subjetivação própria ao neoliberalismo que proponho problematizar neste ensaio.

NASCE UMA SUBJETIVIDADE FLEXÍVEL

Uma nova estratégia de desejo começa assim a tomar corpo nos anos 1960. Proponho chamar a figura que então se esboça de "subjetividade flexível" inspirada na noção de "personalidade flexível" proposta por Brian Holmes[5]. Ao contrário do autor, problematizarei essa política de subjetivação em sua psicodinâmica — especialmente em seus dois modos de abordagem da alteridade e o estatuto do paradoxo da relação entre eles no processo de individuação.

A partir do final do século XIX até a segunda guerra mundial esta nova figura irá manifestar-se primeiro nas vanguardas artísticas e intelectuais. Se, por um lado, a política de desejo que começa a tomar forma naquele momento é de fato uma resposta à urgência de enfrentar as restrições próprias do modelo de subjetividade burguês europeu do século XIX, por outro lado, este mesmo movimento se caracteriza por uma utopia cujo modelo é o outro do europeu, idealizado pelas vanguardas como o avesso de seu próprio espelho: uma reverberação das imagens utópicas que, desde o século XVI, os europeus projetaram sobre os povos que eles colonizaram na América, África e Ásia.

Podemos situar o movimento Antropofágico no contexto de tal ambiguidade. Por um lado, como as vanguardas europeias do mesmo período, os modernistas brasileiros criticavam as políticas vigentes de

5 Cf. Brian Holmes, "The Flexible Personality". In: *Hieroglyphs of the Future* (Zagreb: WHW/Arkzin, 2002), at: <www.geocities.com/CognitiveCapitalism/holmes1.html>.

desejo e de criação cultural. Com humor cáustico, eles tinham especialmente como alvo os intelectuais acadêmicos, que se dobravam de maneira patética à cultura europeia, com arrogantes poses de donos da verdade. Ora, a verdade, segundo uma das mais famosas frases do Manifesto Antropófago, nada mais é do que "mentira muitas vezes repetida". Por outro lado, porém, enquanto as vanguardas europeias fantasiavam seu outro o projetando nas culturas não europeias, a vanguarda brasileira tendia a atribuir-se a si mesma o lugar do outro idealizado. Com esta ambiguidade, o *Movimento Antropofágico*[6] terá contribuído para a fetichização da imagem fantasiada do "brasileiro". Se tal fetichização limita o potencial crítico da relação com a alteridade, por outro lado, no entanto, é precisamente a presença deste potencial que é apontado pelo próprio ideário antropofágico como aquilo que diferenciaria a subjetividade no país e lhe daria o poder de introduzir um deslocamento da política de subjetivação vigente.

A partir dos anos 1950, após a segunda guerra mundial, a subjetividade flexível transborda a vanguarda

6 "Manifesto Antropófago" (1928). In: *A Utopia Antropofágica. Obras completas de Oswald de Andrade*, op.cit.. A frase completa no texto original diz o seguinte: "Contra a verdade dos povos missionários, definida pela sagacidade de um antropófago, o Visconde de Cairu: É mentira muitas vezes repetida."

cultural e se expande mais amplamente ao longo dos anos 1960 e 70, tomando vulto em toda uma geração. Um movimento de desidentificação maciça com o modelo dominante de sociedade desencadeia-se por todo o mundo, sobretudo na juventude de classe média. A potência de criação, que move as ações do desejo em sua micropolítica ativa, é intensamente mobilizada por esta crise, expressando-se numa ousada experimentação existencial, em ruptura radical com o *establishment*. A subjetividade flexível passa a ser adotada como política de desejo por toda uma parcela da sociedade, num movimento de êxodo dos modos de vida vigentes, no qual vão sendo traçadas novas cartografias. Um processo que se faz possível pela sustentação que encontra em sua própria expansão coletiva.

No Brasil, nesse momento, surge um vasto movimento de resistência macropolítica, junto com um intenso processo micropolítico de experimentação cultural e existencial compartilhado por toda uma geração. Um renascimento da Antropofagia influenciou alguns dos mais importantes movimentos do período. Refiro-me aqui aos movimentos de Poesia Concreta (no começo dos anos 1950),[7] ao Neoconcretismo nas artes

7 O movimento conhecido como Poesia Concreta se originou em 1953 com as atividades e experimentos do grupo Noigrandres — integrado por Décio Pignatari e os irmãos Haroldo e Augusto de Cam-

plásticas (final dos anos 1950 e começo dos 60)[8] e ao Tropicalismo, particularmente na música (na segunda metade da década de 1960).[9] Este último, foi um mo-

pos — e sua revista-livro de mesmo nome (1952). Este movimento foi lançado na "Exposição Nacional de Arte Concreta" realizada em São Paulo, em 1956, e no Río de Janeiro, em 1957, da qual participaram poetas e artistas plásticas de ambas cidades.

8 O Neoconretismo foi uma facção dissidente do Movimento Concretista, que surgiu em 1959, com base num manifesto publicado no Jornal do Brasil. O grupo foi formado por artistas do Rio (Hélio Oiticica, Lygia Clark, Aluísio Carvão, Amilcar de Castro, Décio Vieira, Franz Weissman, Hércules Barsotti, Lygia Pape e Willys de Castro), e a liderança teórica do poeta e crítico Ferreira Gullar. A diferença entre estes movimentos se baseou essencialmente na oposição dos neoconcretistas ao que consideravam como um excessivo racionalismo e formalismo de seus colegas de São Paulo. Reivindicavam uma outra política da arte: a integração entre arte e vida, a valorização da dimensão existencial, subjetiva e afetiva da obra de arte e a expressão da singularidade. A principal referência filosófica do movimento foi a Fenomenologia de Maurice Merleau-Ponty, Ernest Cassirer e Susan Langer. A primeira *Exposição Neoconcreta* se realiza en março de 1959 no Museu de Arte Moderna do Río de Janeiro. A esta sucede a *Exposição Neoconcreta*, em 1961, no Museu de Arte de São Paulo. O grupo se dissolve nesse mesmo ano. Os dois grupos se reuniram algums anos depois por iniciativa de Oiticica numa exposição entitulada "Nova Objetividade Brasileira", em 1967.

9 O Tropicalismo foi um movimento cultural do final dos anos 1960, que, fazendo uso da improvisação e da irreverência, revolucionou a música popular brasileira, dominada então pela estética da Bossa Nova. Com músicos como Caetano Veloso e Gilberto Gil, como figuras mais conhecidas, o Tropicalismo inspirou-se nas ideias do *Manifesto Antropófago* de Oswald de Andrade, as quais ele reativou — particularmente o modo como elementos de cultura estrangeira, erudita ou de massa, são fusionados com elementos da cultura brasileira em seus vários matizes, embaralhando códigos e hierarquias dominantes, usando o que fosse fecundo para dizer os afetos do

vimento que extrapolou as fronteiras das vanguardas e tornou-se um fenômeno de cultura de massa, o qual proliferou pelas parcelas da juventude que já então viviam numa audaciosa experimentação coletiva, oferecendo-lhes imagens, sonoridades, palavras, modos de ser, de habitar e de se relacionar que contribuíram para expandir e potencializar suas práticas. Embora animados por valores da contracultura, entre outros, os tropicalistas distinguiam-se dos *hippies*, seus congêneres norteamericanos, por não reivindicar o reencontro com uma suposta essência do homem e da natureza. Ao contrário, eles defendiam um processo contínuo de hibridação e fusão, incorporando as conquistas da indústria e da tecnologia como sua cultura de massa, assim como elementos do amplo espectro de universos que compõem o país sem qualquer barreira de classe ou de hierarquia cultural — incorporando inclusive elementos que, do ponto de vista das referências dominantes, eram qualificados de cafonas, provincianos

presente. O Tropicalismo se manifestou igualmente em outros domínios artísticos, como no teatro por exemplo, no grupo do Teatro Oficina dirigido por José Celso Martinez Correia, especialmente na peça *O Rei da Vela* de autoria de Oswald de Andrade (1967). O nome do movimento tem sua origem na obra *Tropicália* (1965) do artista visual Hélio Oiticica. O movimento têve uma brusca interrupção em dezembro de 1968, quando a ditadura militar decretou o Ato Institucional nº 5. Caetano e Gil foram presos e libertados depois com a condição de abandonar o país. Se exilaram em Londres, em 1970, onde permanecem até 1972.

ou antiquados. Absorvem-se igualmente elementos internacionais variados — cada vez mais presentes no cenário local, dada a então nascente globalização midiática —, sem preconceitos de caráter nacionalista ou ideológico, movidos ao contrário por uma irreverência crítica perante qualquer atitude de fascinação servil.

Uma série de aspectos caracteriza a nova política de subjetivação. Antes de mais nada, a ativação da capacidade vibrátil e da escuta do sinal de alerta, acionado a cada vez que a dissonância entre as duas capacidades de apreensão do mundo ultrapassa o limite de tolerabilidade. O que o sinal de alerta anuncia é a inadequação dos mapas objetivos vigentes e a urgência de se criar outros. O indicador deste limite é a própria vida, quando esta se vê ameaçada em sua processualidade. A subjetividade é levada então a conquistar a liberdade de desapegar-se dos territórios aos quais está habituada, circular por diferentes tipos de repertório, fazer outros agenciamentos, estabelecer outros territórios com suas respectivas cartografias. O que se forma é um tipo de subjetividade que incorpora o paradoxo que a constitui como temporalidade: em outras palavras, uma subjetividade processual, singular e impessoal porque atravessada pelo outro. A unidade individual moderna é substituída pela multiplicidade e o devir. É esta a política que caracteriza a subjetividade flexível que entra em cena nos anos 1960 e início dos 70.

Ora, as características deste novo modo de subjetivação não correspondem precisamente ao que definimos como modo antropofágico? Certamente não é por acaso que o Movimento Antropofágico volta à tona exatamente naquele período.

REALITY SHOW GLOBAL

O radical deslocamento na política do desejo vivido naqueles anos provocou uma severa crise social e cultural que desestabilizou a tal ponto o modo de subjetivação dominante, do qual dependia o regime macroeconômico e macropolítico em curso, que chegou a ameaçá-lo. Diante desta situação, as forças no poder precisaram de novas estratégias para restabelecer-se e recuperar o controle. Isto seria alcançado no final dos anos 1970 e princípio dos 1980. O caudaloso manancial de força de trabalho de criação «livre», mobilizada pela desterritorialização será instrumentalizado pelo capital que irá tirar partido da proliferação social da própria subjetividade flexível — não só em seu princípio funcional, mas também nas formas da crítica que ela manifesta e nos modos de existência que ela inventa nas duas décadas anteriores. Como nas artes marciais do Extremo Oriente, em que não se ataca a força do inimigo mas dela utiliza-se contra ele, as invenções dos anos 1960 e 70 iriam servir de fórmula e combustível micropolíticos para o novo regime.

Uma transformação no modo dominante de subjetivação do capitalismo financeirizado transnacional operou-se naquele período, a ponto de alguns pensadores passarem a qualificá-lo de "capitalismo cognitivo", "cultural" ou "cultural-informacional"[10] — nome que assinala que a principal força de trabalho da qual se irá extrair mais-valia deixa de ser prioritariamente a força mecânica do proletariado, para ser substituída pela força de conhecimento e invenção de uma nova classe produtora que os mesmos autores chamam de "cognitariado".[11] Mas como se dá esta sifonagem da força de invenção?

10 As noções de "capitalismo cognitivo" ou "cultural" foram propostas a partir do final dos anos 1990 e início dos anos 2000, principalmente por pensadores italianos então exilados na França (como Maurizio Lazzarato e Toni Negri em sua parceria com o americano Michael Hardt), mas também por pensadores franceses e de outras origens, muitos deles reunidos em torno da revista francesa Multitudes, que desempanhou um papel importante neste debate. Tais conceitos são um desdobramento das ideias de Gilles Deleuze e Félix Guattari relativas ao estatuto da cultura e da subjetividade no capitalismo contemporâneo, bem como das ideias desenvolvidas por Michel Foucault em torno de seu conceito de "biopolítica".

11 Ver *supra*, nota 10. Vale mencionar as discussões atuais sobre as novas formas de trabalho e a possível conformação a partir das mesmas de novos sujeitos políticos, tal como se começava então a

Uma ideia de Maurizio Lazzarato[12] poderia nos ajudar a responder esta pergunta. O autor assinala uma importante diferença entre o capitalismo industrial e o capitalismo de empresa que então se instala por todo o planeta. No lugar da produção de objetos da fábrica fordista, o que o novo regime produz fundamentalmente é uma "criação de mundos". São os mundos-imagem fabricados pela publicidade e a cultura de massa, veiculados pela mídia, os quais preparam o terreno cultural, subjetivo e social para a implantação dos mercados. Desdobrarei esta ideia de Lazzarato do ponto de vista da política de desejo que permeia esta nova situação.

pensar no seio de alguns movimentos europeus em torno da precariedade social. Este campo de problematização e os movimentos que nele emergiram na época, expandiram-se significativamente desde então para além do âmbito do trabalho e das relações de classe, manifestando-se hoje nos movimentos de resistência que vem se operando cada vez mais incisivamente na esfera micropolítica e em sua relação com a esfera macro – é o caso dos movimentos nos âmbitos do sexo-gênero, do racismo, da afirmação dos povos ameríndios, entre outros.

12 Cf. o ensaio de Murizio Lazzarato, "Entreprise et Néomonadologie", no livro de sua autoria *Les Révolutions du Capitalisme* (Paris: Les Empêcheurs de penser en rond, Le Seuil, 2004), publicado no Brasil com o título *As revoluções do capitalismo* (Civilização Brasileira: São Paulo, 2006). Outros livros de Lazzarato publicados no Brasil: *Signos, máquinas e subjetividades* (São Paulo: N-1 Edições, 2014), *O governo do homem endividado* (São Paulo: N-1 Edições, 2017), *O governo da desigualdades: crítica da insegurança neoliberal* (São Carlos: Edufscar, 2017).

No final dos anos 1970, as subjetividades encontram-se expostas a uma desterritorialização ainda mais intensificada, trazida principalmente pelo poderoso desenvolvimento das tecnologias de comunicação à distância e de produção e reprodução de imagem, bem como pela necessidade de adaptação às mudanças do mercado, cada vez mais velozes. Mas a desterritorialização produzida pelos mundos-imagem do capital tem efeitos subjetivos específicos. Esta diferença introduz uma mudança radical e constitui um dos principais aspectos da estratégia de subjetivação que emerge naquele momento. Ela será determinante na nova política da subjetividade flexível que então ganha corpo.

A cadeia de produção que constitui esta fábrica capitalista de mundos inclui uma série de novos personagens que poderíamos agrupar em quatro tipos. Eles tem em comum o fato de que a força de trabalho que todos eles vendem é a de sua inteligência, seu conhecimento e sua criatividade, mas também de suas crenças, sua espontaneidade, sua sociabilidade, sua presença afetiva, etc.

O primeiro personagem, mais óbvio, é composto pelos próprios criadores dos mundos-imagem que englobam uma série de novos setores produtivos como a publicidade e todos os tipos de profissionais que ela envolve: criadores de "conceito" (os "criativos"), fotógrafos, grafistas, designers, técnicos de audiovisual, etc. O segundo personagem compõe-se de toda espécie de consultores: caçadores de cabeças (*headhunters*), olheiros, experts de marketing, de negócios e de estratégias de investimento, pesquisadores de "tendências", gestores de recursos humanos, etc.

Criadores e consultores formam os equipamentos estratégicos para um novo tipo de guerra que estaríamos todos vivendo, a partir daquele período, a qual Maurizio Lazzarato qualifica como uma "guerra estética planetária". Uma guerra que se dá em torno de mundos *prêt-à-porter* criados pelo capital, numa competição feroz entre máquinas de expressão rivalizando entre si para ganhar o mercado das subjetividades em crise em sua desesperada demanda por padrões de existência para recompor-se um contorno por imitação. É que não basta criar mundos-imagem; é preciso que eles tenham poder de sedução, para que as subjetividades os escolham como modelo que lhes permita remapear-se, os colocando em cena em seu cotidiano, por meio do consumo dos produtos a eles associados. Com efeito, estes mundos nascidos sob a forma de campanhas publicitárias são uma mera realidade de signos; para que movimentem o mercado, eles deverão ser adotados como referência na construção da vida social.

Aqui intervém o terceiro tipo de personagem desta cadeia de produção: os consumidores dos mundos-imagem, aqueles que os atualizam em sua existência objetiva. Eles devem ter grande agilidade cognitiva para captar e selecionar a pluralidade de mundos que nunca param de ser lançados no ar, todos ao mesmo tempo; uma mobilidade atlética do ego para saltar de um mundo a outro; uma facilidade para plasmar-se segundo o modo de ser específico de cada novo mundo *prêt-à-porter*. Com a força de trabalho de todas estas suas potências subjetivas usadas na concretização destes mundos, os consumidores tornam-se simultaneamente seus produtores ativos.

Mas para que o consumidor conquiste estas potências subjetivas, toda uma outra gama de profissionais ganha existência: os fornecedores de *layout* humano. Estes configuram o quarto personagem que faz funcionar a fábrica capitalista de mundos: *personal trainers*, *personal stylists*, estilistas, consultores de moda, dermatologistas, cirurgiões plásticos, dentistas, esteticistas, designers de sobrancelhas, designers de blogs e sites, decoradores, curadores de coleções de arte privadas, consultores de self-brand, gurus de auto-ajuda e cia. Seu principal negócio consiste em vender sua força de trabalho aos consumidores, a qual teria o poder de ajudá-los a adquirir novos personagens, ao ritmo das novidades oferecidas pelo mercado, de modo que consigam estar à altura da flexibilidade exigida por esta nova espécie de subjetividade.

Por meio destas operações, toma corpo uma subjetividade flexível de tipo *show-room*: o que se expõe para o outro são os elementos dos últimos lançamentos de mundos, bem como a habilidade e a velocidade para incorporá-los, numa espécie de marketing ou campanha publicitária de si mesmo. Diante desta aberração, duas perguntas nos vem de imediato à mente: afinal, o que há de tão sedutor nestes mundos prêt-à-porter criados pelo capital? Em que se distinguiriam de outras espécies de mundo?

SEDUÇÃO PERVERSA

A resposta salta aos olhos, se atravessamos o véu densamente tecido de imagens de que são feitos esses mundos, véu que orienta o olho em sua potência de percepção e o ofusca em sua potência de vibração. Podemos então constatar que o que seduz nestes mundos prêt-à-porter é a imagem de auto-confiança, prestígio e poder dos personagens que os habitam, como se tivessem resolvido o paradoxo inerente à experiência subjetiva, admitidos para sempre nos salões dos supostamente "garantidos"[13]. Em outras palavras, o que seduz nos mundos-imagem produzidos pelo capital é, basicamente, a ilusão que eles veiculam de que existiriam mundos onde as pessoas nunca experimentariam fragilidade e sentimentos de vertigem, ou no mínimo teriam o poder de evitá-los e de controlar a inquietação que provocam, vivendo numa espécie de existência hedonista, lisa e sem turbulências, eternamente estável. Esta ilusão abriga a promessa de que esta vida existe, de que se pode aceder a ela, e mais, de que isto depende unicamente da incorporação dos mundos criados pelo capital. Uma relação perversa se instaura entre a subjetividade do receptor/consumidor e tais personagens-imagem.

O glamour destas criaturas privilegiadas e o fato que, enquanto seres-de-mídia, elas sejam inacessíveis por sua própria natureza, é interpretado pelo receptor como sinal de sua superioridade. Como em toda relação perversa onde o seduzido idealiza a arrogante indiferença do sedutor — ao invés de ver nisso um sinal de sua miséria narcísica e sua total incapacidade

13 Me refiro aqui à noção proposta por várias tendências do operaísmo na Itália dos anos setenta, segundo retomada e reelaborada por Félix Guattari. Cf. Guattari, Félix e Rolnik, Suely, *Micropolítica. Cartografias do desejo*. São Paulo: Vozes, 1986; 7a ed. revista e ampliada, 2007; pp.187-190.

de ser afetado pelo outro —, o receptor/consumidor destes personagens sente-se desqualificado, excluído de seu maravilhoso universo. Identificado com aqueles seres-de-imagem e tomando-os como modelo, na esperança de um dia tornar-se digno de pertencer a seu mundo, o consumidor passa a desejar ser como eles, colocando-se numa posição submissa de carência e de perpétua demanda de reconhecimento. Como, por definição, tal desejo permanece eternamente insatisfeito, a esperança tem vida curta. O sentimento de exclusão sempre retorna e, para livrar-se dele, a subjetividade se submete mais ainda, mobilizando sua potencia vital e seu desejo num grau cada vez mais alto, numa corrida desenfreada em busca de mundos *prêt-à-porter* a serem incorporados e concretizados em sua existência.

Esta promessa mentirosa constitui o mito fundamental do capitalismo mundial integrado[14], a força motora de sua política de subjetivação, a diferença que

14 "Capitalismo mundial integrado" (CMI) é uma expressão cunhada por Félix Guattari, já nos anos 1960, como alternativa a "globalização", termo segundo ele por demais genérico e que vela o sentido fundamentalmente econômico, e mais precisamente capitalista e neoliberal do fenômeno da transnacionalização que então começava a instalar-se. [cf. Guattari, Félix, "Le Capitalisme Mondial Integré et la Révolution Moléculaire", relatório inédito de palestra proferida em seminário do grupo CINEL, em 1980. Publicado no Brasil com o título "O Capitalismo Mundial Integrado e a Revolução Molecular". In: Rolnik, Suely (org.), *Revolução molecular. Pulsações políticas do desejo.*

ele introduz na experiência contemporânea da desterritorialização. A ilusão que sustentava a estrutura do sujeito moderno ganha aqui uma nova fórmula. Ela se transvalora e atinge seu ápice de credibilidade na religião do capitalismo cognitivo. Uma religião monoteísta cujo cenário é basicamente o mesmo das religiões desta tradição: há um Deus todo poderoso que promete o paraíso, com a diferença de que no papel de Deus está o capital, e o paraíso que ele promete é nesta vida e não no além dela. Os glamurosos seres garantidos dos mundos da publicidade e dos espetáculos de entretenimento cultural de massa são os santos de um panteão comercial, como sugere Brian Holmes[15].

A crença na promessa religiosa de um paraíso capitalista é o que sustenta a instrumentalização bem sucedida das potências subjetivas. O sentimento de humilhação que esta crença produz e a esperança de um dia "chegar lá" e escapar da exclusão mobiliza o desejo de realizar os mundos *prêt-à-porter* que o mercado oferece, desejo alimentado pela ilusão de estar mais próximo do panteão imaginário. É através desta

15 Cf. Brian Holmes, "Reverse Imagineering: Toward the New Urban Struggles. Or: Why smash the state when your neighborhood theme park is so muit closer?" (disponível em http://creativecommons.org/licenses/by-nd-nc/1.0/); ver também: "Warhol in the Rising Sun: Art, Subcultures and Semiotic Production," disponível em www.u-tangente.org.

dinâmica que a subjetividade torna-se produtora ativa destes mundos: uma servidão voluntária que não se faz por repressão ou obediência a um código moral, como nas religiões monoteístas tradicionais em que o acesso ao paraíso depende desta entrega à homogeinização. Aqui, a servidão é movida pelo próprio desejo: não existe código; pelo contrário, quanto mais criativo o mundo-imagem que a empresa veicula, maior seu poder de competitividade, já que sua incorporação promete fazer do consumidor um ser distinto e acima dos demais, o que é essencial neste tipo de política de relação com o outro.

Neste contexto, a vida pública é substituída por um *reality show* global orquestrado pelo capitalismo cultural-informacional que tomou conta do planeta. O mundo torna-se uma espécie de mega-telão, que se confunde com o *reality show* nele projetado non-stop, no qual disputa-se a tapas um papel: lugar imaginário e fugaz que deve ser objeto permanente de investimento do desejo, incessantemente administrado e garantido, contra tudo e contra todos.

SUBJETIVIDADE À VENDA

O novo regime encontra assim uma maneira de enfrentar e neutralizar a reativação de uma vida pública que resultara da propagação social do modo de subjetivação flexível proposto nos anos 1960 e início dos 70. Ele incorpora tal deslocamento de um princípio de subjetivação baseado na identidade em direção a um princípio baseado na flexibilidade, mas apenas como uma maneira mais bem-sucedida de reinstaurar a anestesia que caracterizava o sujeito moderno em sua recusa de reconhecer e incorporar os efeitos da presença viva do outro no próprio corpo. Isto dá lugar a um retorno à identidade, mas agora do tipo flexível, cujas diferentes figuras não nascem de uma fecundação pelas forças que animam a vida coletiva e permanecem marcadas pela ilusão de unidade. Volta-se à pessoalidade, cuja marca agora é dada pela customização dos seres-de-imagem introjetados, de modo a produzir um self-brand.

De um lado, a criação *non-stop* dos barulhentos mundos *prêt-à-porter* provoca uma turbinagem do paradoxo entre as duas capacidades de apreensão do mundo, assim como da crise a que ele conduz e do sofrimento que esta produz; enquanto que, de outro lado, a dissociação da subjetividade em relação à causa desta ansiedade é levada ao extremo pela dinâmica perversa que se estabelece na relação entre mercado e consumidor, cuja força motriz é a crença na promessa de paraíso.

Em suma, a política da subjetividade flexível permanece, mas perde sua força crítica, a qual depende de escutar os efeitos desestabilizadores do outro em seu próprio corpo e garantir a conexão entre as capacidades vibrátil e objetivante no transcorrer do processo de criação. O ego toma o comando das forças de criação e de ação que o sinal de alerta convoca. Porém o ego só conhece a atividade objetivante e não tem como saber as causas da perda de referências e da vertigem que esta limitação lhe provoca. Ele tende então a interpretar sua desorientação como resultado do colapso da própria subjetividade, e não apenas de sua atual configuração e a traduzi-la como "fracasso": daí os sentimentos de inferioridade e exclusão. Para proteger-se do mal-estar, o ego passa a fabricar razões imaginárias que explicariam seu desamparo, e com isso nega a causa deste sentimento e constrói barreiras defensivas em torno dela. Dado o fato de que este estado é principalmente mobilizado pelos mundos *prêt-à-porter* propostos pelo capital, a estratégia defensiva mais óbvia será a de investir o desejo em suas imagens e tratar de realizá-las na existência, na esperança de superar a ansiedade. Neste contexto, sob o comando do ego, o critério que orienta as forças de criação deixa de ser ético (que teria como bússola a afirmação da vida) e passa a ser narcísico-mercadológico.

Completa-se, aqui, o ciclo da instrumentalização das potências subjetivas pelo capital. Na verdade, todas as fases do processo de subjetivação são usadas como energia primária para a produção de mundos para o mercado: as capacidades de decifração objetivante e a vibrátil; o mal-estar do paradoxo entre elas; o sinal de alerta que o mal-estar dispara; a pressão que o sinal de alerta exerce no pensamento-corpo para redesenhar-se a si mesmo e ao mundo; e por fim a força que move as ações do desejo mobilizada por esta pressão. O que começa a tomar forma é o povo de *zumbis hiperativos* que proliferará cada vez mais por todo o planeta nas últimas décadas do século XX e início do XXI, modelo-ideal de uma subjetividade flexível adaptada ao mundo neoliberal[16].

A experimentação que vinha se fazendo coletivamente há mais de uma década para emancipar-se do padrão de subjetividade dominante torna-se indiscer-

16 Se na época que escrevi este texto (2005) parecia evidente que neoliberalismo e conservadorismo são incompossíveis, hoje, uma década e meia depois, estes se conjugam num amálgama perverso que desempenha um papel central na estratégia de poder do capitalismo financeirizado. Problematizo este casamento sinistro que até há pouco seria impensável no livro Esferas da insurreição: Notas para uma vida não cafetinada (São Paulo, N-1 Edições, 2018). O livro será publicado em Portugal em 2019 na coleção Sequencias, organizada por Rita Natálio e André e. Teodósio pela editora Sistema Solar em colaboração com o Teatro de Praga.

nível de sua incorporação pela política de subjetivação que começava a implantar-se sob o capitalismo cognitivo. Muitos dos protagonistas dos movimentos das décadas anteriores caíram na armadilha: deslumbrados com a celebração de sua força de criação e de sua postura irreverente e experimental até então estigmatizadas e confinadas na marginalidade, deslumbrados igualmente com o prestígio de sua imagem na mídia e seus altos salários, eles se tornam os próprios criadores dos mundos produzidos para e pelo capital.

Aqui, de fato, o vasto *know how* brasileiro em matéria de antropofagia pode nos ajudar a problematizar este infeliz engodo e separar o joio do trigo. Como dissemos no início, a antropofagia em si mesma não é garantia de nada, pois ela pode ser investida com diferentes políticas, da mais crítica à mais reativa. O que as distingue é a estratégia de construção de territórios: para que este processo se oriente na direção dos movimentos de afirmação da vida é necessário construí-los com base nas urgências indicadas pelos afetos. Isto implica em manter-se à escuta da dissonância entre o que nos anunciam as capacidades vibrátil e objetivante durante todo o processo; implica igualmente que este será necessariamente um processo de criação.

No Brasil, toda esta operação capitalista toma um caráter específico. Alguns fatores contribuem para esta especificidade da implantação da subjetividade-flexível-à-venda em nosso contexto. Em primeiro lugar, o fato de que neste país, como já mencionado, os movimentos de experimentação cultural e existencial nas décadas de 1960 e 70 foram singulares e particularmente audazes em suas forças de resistência e criação, marcados por uma reativação da perspectiva antropofágica. Em segundo lugar, porque entre este período e o da instalação do capitalismo cultural-informacional, houve uma forte interrupção deste movimento, causada pela ditadura militar, que chegou ao poder por um golpe de Estado em 1964 e aí permaneceu durante vinte e um anos. É certo que no início do regime ditatorial, a militância como a experimentação cultural e existencial não só persistiram, mas inclusive se radicalizaram. No entanto, a partir do final de 1968, com a promulgação do Ato Institucional nº 5,[17] que castigava com prisão as ações consideradas subversivas, sem direito a *habeas corpus*, o movimento foi progressivamente perdendo fôlego. A partir deste momento, um número

17 O AI5 foi promulgado pela ditadura militar em 13 de dezembro de 1968.

significativo de ativistas brasileiros, tanto os que agitavam o plano macropolítico, quanto os que agitavam o plano micropolítico, sofreram prisão e foram frequentemente torturados; muitos deles morreram, seja pelas mãos dos policiais e torturadores ou por excesso de experimentações químicas, outros afogaram-se na loucura, outros ainda refugiaram-se no exílio[18]. No país produziu-se uma espécie de paralisia das forças de criação e de resistência. É que os efeitos mais nefastos da ditadura brasileira, como em todo regime totalitário, não foram aqueles, palpáveis e visíveis — prisão, maltrato, repressão, censura—, mas outros, invisíveis e mais sutis e, por essa mesma razão, mais difíceis de apreender, elaborar e curar. O fato de que as forças de criação e resistência neste tipo de situação sejam ameaçadas com castigos cujo nível de violência pode levar até à morte, provoca um estado de terror na alma cuja

18 Um número incontável de brasileiros foram forçados ao exílio nesta época, o que, neste seu início, desempenhou um papel de catalizador de diferentes expressões de resistência na sociedade brasileira. A maioria dos que estavam mais envolvidos na contracultura instalou-se em Londres. Os que estavam envolvidos na militâcia, muitos dos quais guerrilheiros e clandestinos, se exilaram em países que viviam em situacões "revolucionarias", como Chile, Argentina e, obviamente, Cuba, na América Latina, e Angola e Moçambique, na África; eles fugiam de um país para outro quando os movimentos de resistência eram brutalmente derrotados. Alguns, principalmente aqueles envolvidos com a vida acadêmica, buscaram refúgio em Paris, onde no início dos anos 1970 havia cerca de 30.000 brasileiros exilados.

consequência é a paralisia das capacidades de criação e de luta, a qual se acompanha de um bloqueio da inteligência coletiva. Tais efeitos traumáticos tendem a perdurar mesmo depois da queda do regime que os provocou. É como a reação dos animais que, face ao predador agressivo paralisam e se fingem de mortos por uma questão de sobrevivência, até que o inimigo desapareça; uma reação defensiva, provocada pelo terror, cujos efeitos podem continuar mesmo quando já não há qualquer perigo real.

Este foi o contexto com o qual o neoliberalismo teve que negociar quando se instalou no Brasil. É bom lembrar que se é verdade que o processo de dissolução da ditadura, no final dos 1970 e início dos 80, resulta da pressão de um movimento social interno, não é menos verdade que esse processo resulta também — e, talvez, principalmente — da pressão exercida pelo capitalismo transnacional. A *tabula rasa* da vida pública realizada pelo governo militar é, sem dúvida, útil ao novo regime. Em compensação, a política de subjetivação que o acompanha e o sustenta lhe é totalmente inadequada: a subjetividade comandada por um rígido princípio identitário, defensora dos valores da pátria, da família e da propriedade — próprios das forças mais conservadoras do país — constitui um entrave para a dinâmica inerente ao neoliberalismo.

O capitalismo cognitivo necessita reativar a flexibilidade subjetiva e a liberdade de experimentação cultural que haviam existido nos anos prévios à ditadura — ou seja, sua marca antropofágica —, de maneira a instrumentalizá-las a serviço da invenção e produção de seus paraísos virtuais, por meio dos quais estabelece seus mercados. Isto fez com que se tenha em geral vivido o advento do novo regime como uma verdadeira salvação. Ele parecia liberar as forças de criação de sua repressão, e mais do que isso, as celebrava e lhes dava o poder de exercer um papel de destaque na construção do mundo que ele instalaria. O redespertar do movimento de criação no Brasil pós-ditatorial ocorreu, pois, sob os auspícios do neoliberalismo[19]. Isto tornou a geração dos anos 1960/70 mais vulnerável à sua instrumentalização no Brasil do que nos Estados Unidos ou nos países da Europa ocidental.

Parte desta geração entregou-se com voluptuosa submissão à venda perversa de suas forças de criação

19 A luta pela redemocratização do país, no final dos anos 1970 e princípios dos 80, deu origem a diferentes movimentos — feminista, gay, negro, etc. —, muitos dos quais se juntaram no seio do Partido dos Trabalhadores (PT), criado nessa mesma época. Nas duas décadas seguintes, paralelelamente à instrumentalização, por parte do neoliberalismo, de uma significativa parte das forças de criação e resistência de toda essa geração, o movimento seguiu avançando e, junto com outras forças da sociedade brasileira, criou as condições de mudança política no país que levaram à eleição de Lula do Partido dos Trabalhadores para a presidência da República.

e ação numa adesão devota a até fanática à religião do capitalismo cultural-informacional e sua falaciosa promessa de paraíso. Produziu-se uma versão patética do tipo de subjetividade-flexível-à-venda que estava se consolidando na cena internacional. Inteiramente desprovida de crítica, esta se identificou com os mundos virtuais propostos pelo mercado, buscando reproduzir todos seus traços, consumir todos seus objetos e serviços, com a esperança de ser admitida em seu paraíso imaginário.

Em outras palavras, aos efeitos traumáticos da violência da ditadura sobre a força de criação, agregou-se aqui o uso perverso que o neoliberalismo fez desta situação, ativando seu passado experimental especialmente poderoso e tirando vantagem de suas feridas. Uma overdose de violência que excedeu os limites do tolerável e, portanto, da possibilidade de elaborar e reagir. Isto iria deixar efeitos nefastos não só no campo da política de subjetivação, mas também no da política cultural que se estabeleceria no país a partir daquele momento, política que em certa medida ainda hoje predomina.[20] Depois de um século de

20 O Ministério da Cultura dos dois governos Lula, conduzido por Gilberto Gil de 2003 a 2008 e, em seguida, por Juca Ferreira, de 2008 a 2010, retornando em 2015 até o impeachment de Dilma Roussef, realizou importantes ações visando deslocar-se do tratamento perverso, tradicionalmente dado à cultura por parte do Estado e das

psicanálise, sabemos que traumas de tal magnitude às vezes requerem três gerações para serem digeridos, de modo a neutralizar os efeitos tóxicos da interrupção do fluxo vital; efeitos que permanecem ativos, apesar do esquecimento defensivo da ferida no coração das forças de criação e luta.

Podemos estabelecer um paralelo entre esta situação no Brasil e a dos países que viveram a dissolução de seus respectivos regimes totalitários com a instalação do capitalismo financeiro globalizado, no final dos anos 1970 e ao longo dos 80 até a queda do muro de Berlim — seja em sua variante de direita, como na maioria dos países da América Latina (bem como Espanha e Portugal), seja em sua variante de esquerda, como nos países de Europa do Leste. Para compreender melhor a política de subjetivação sob o império capitalista contemporâneo — particularmente no que concerne o destino das forças de criação e resistência — a investi-

elites do país que desde sempre o comandaram. Um tratamento classista, racista, machista e de um conservadorismo arrogante baseado no mimetismo simplista e canastrão das culturas europeias e norte-americana, colonizadamente idealizadas por estas elites. Iniciativas que visaram desviar o rumo desta tradição ao longo da história do país muitas vezes enfrentaram dificuldades políticas infladas pela imprensa local que as desqualificava. O que assistimos estarrecidos na atualidade é a plena expressão desta tradição, autorizada a manifestar-se publicamente sem o menor pudor e exponencialmente amplificada pelas tecnologias da comunicação.

gação acerca do paralelismo entre tais contextos de um pondo de vista micropolítico pode ser esclarecedora.

De todo modo, no Brasil, os cinco séculos de antropofagia não impediram de cair nesta cilada. Pelo contrário, parecem ter facilitado a adaptação à flexibilidade de hibridação, mas neste caso inteiramente destituída de sua força crítica. Uma espécie de antropofagia neoliberal, convocada em seu polo mais reativo.

O ANTI-VÍRUS

Estamos distantes da antropofagia dos rituais indígenas ancestrais, que impactou o imaginário dos colonizadores a ponto de tornar-se um dos mitos fundadores do país; mas distantes também da fórmula da relação com o outro e com a cultura que o Movimento Antropofágico extraiu deles, bem como da reativação deste movimento nos anos 1960 e 70, que criou a subjetividade flexível que propagou-se pela vida social. Na nova cena, os corpos já não são criados com partículas do outro que se decide devorar porque sua incorporação traria uma expansão vital, como faziam nossos ancestrais. Uma prática antropofágica cuja intenção não era absolutamente a de deixar-se catequizar para torna-se "como" o outro devorado, mas sim a de utilizar algumas de suas partículas como *afetos de vitalidade* para compor o devir singular de si mesmo e do mundo. Hoje, distantes disso, as subjetividades tendem a ser criadas na base de uma identificação maciça e idealizadora com as imagens dos mundos *prêt-à-porter* propostas pelo capital que são devoradas como que sob hipnose para preencher o seu vazio.

Toma corpo uma subjetividade muito mais seriamente anestesiada em sua capacidade vibrátil e, com isso, muito fortemente dissociada da presença viva do outro. Uma espécie de "antropofagia zumbi": a vitoriosa atualização contemporânea do pólo reativo desta tradição ancestral.

No entanto, como o mencionei anteriormente, apesar de sua longa duração, os efeitos dos traumas não são eternos. Com efeito, pareceria que desde o final dos anos 1980, e mais ainda da segunda metade dos anos 90 em diante, no Brasil como por toda parte, começou-se a identificar o vírus da fé no paraíso prometido pelo capitalismo cultural — esse mito que carcome a subjetividade em seus poderes mais essenciais.

Um movimento de pesquisa de antivirus para combater esta epidemia tem acontecido por toda parte, com diferentes métodos e numa variedade de campos: da arte ao ativismo político, passando pelos movimentos sociais e por toda espécie de transversalidade entre eles. O deslumbramento patológico produzido pela celebração que o capital faz da vida como poder de criação, cuja meta é instrumentalizá-lo, começou a ser "tratado", na intenção de reativar a força crítica deste poder, ou seja recuperar sua *saúde*.

A reativação do movimento de êxodo na direção de uma experimentação artística, política e existencial cada vez mais intensa parece estar começando a liberar a subjetividade flexível contemporânea de sua instrumentalização perversa. Um êxodo que restabelece na política antropofágica, o poder de criar cartografias singulares que tragam para o sensível as mudanças que se engendram continuamente no diagrama de afetos, que nos são trazidos por nossa vulnerabilidade ao outro, quando esta se encontra liberada. Neste êxodo, a potência nômade recupera sua força crítica: a conquista irreversível da flexibilidade e do privilégio de aceder a uma alteridade tão rica, heterogênea e variável como a que estamos vivendo procura voltar a colocar-se a serviço da vida.

Não, isto não é um final feliz: acreditar em finais felizes é nossa maior patologia, cujas raízes históricas remontam de muito tempo. Esta se estende por todo o espectro das utopias idealizadoras que se inventaram ao longo de séculos — sejam elas progressistas ou reacionárias. Este tipo de utopia tende a apresentar-se hoje sob duas formas: os paraísos virtuais do neoliberalismo para uma subjetividade flexível zumbi, ou suas contrapartidas fundamentalistas que ainda insistem no modelo identitário e o intensificam ao extremo[21]. O que se pode intuir, no entanto, é que a faixa sonora deste *reality show* global já não é tão monocórdia: escutam-se vozes dissonantes[22] em relação às melodias sedutoras das sereias do capital e suas subjetividades tornadas flexíveis para o mercado. Mas atenção: tais dissonâncias não tem nada a ver com o timbre do desejo de uma volta à identidade; elas tem a ver, ao contrário, com o desejo de afirmar e até intensificar a flexibilidade, ativando entretanto a força crítica de sua potência nômade. Essa é a frequência de vibração que ressoa majoritariamente no timbre das vozes dissonantes. Se a tradição antropofágica, em seu pólo reativo, contribuiu para classificar os brasileiros no *ranking* dos atletas da flexibilidade para o mercado, em compensação, em seu

21 Na atualidade ocorre um fenômeno inédito, caracterizado pela composição destas duas modalidades de imaginário.

22 Se no momento da escrita deste texto, as dissonâncias face à flexibilidade reativa da subjetividade neoliberal que se começava a ouvir não tinham em absoluto o timbre de desejo de uma volta à identidade, mas ao contrário avançavam na direção de uma flexibilidade ativa, hoje este timbre se faz ouvir estridentemente em alto e bom som. Talvez o que permite a aliança entre a regressão a uma subjetividade identitária e a subjetividade flexivel neoliberal, seja a reatividade que caracteriza ambas. É provavelmente o que as torna cúmplices na vontade de destruição das subjetividades flexíveis ativas.

polo ativo, ela nos permite participar deste coro de vozes dissonantes contribuindo com seu *know-how* para distinguir o que pode e o que não pode ser engolido.

Ainda que estas vozes não sejam tão numerosas e seu timbre seja frágil e sutil — quase inaudível sob o tumulto arrogante das vozes dominantes —, elas teriam o poder de provocar infra-deslocamentos na cartografia planetária das forças políticas, culturais e subjetivas; deslocamentos invisíveis, mas nem por isso menos reais. Pareceria que já não estamos exatamente na mesma paisagem.

O que os Guarani nos ensinam sobre a micropolítica

Os Guarani chamam a garganta de *ahy'o*, mas também de *ñe'e raity*, que significa literalmente "ninho das palavras". É porque eles sabem que, em nossa experiência humana como seres vivos, elementos da biosfera como quaisquer outros, nossos corpos são afetados pelas forças variadas do ecossistema e suas relações variáveis a cada momento — o que inclui obviamente as forças das demais vidas humanas e seus mundos, próximos ou distantes, atuais ou virtuais, mas não se reduz a elas.

Eles sabem que embriões de palavras emergem desta fecundação do ar do tempo em nossos corpos e que, neste caso, e só nele, as palavras tem alma: a alma da vida que as/nos habita — esteja ela materializada nas formas do presente, ou em sua condição de germe portador de futuros. Que as palavras tenham alma e a alma encontre suas palavras é tão fundamental para eles, que tanto o termo ñe'e, que eles usam para designar "palavra", "linguagem", quanto o termo anga, que usam para designar "alma", significam ambos "palavra-alma".

Os Guarani sabem igualmente que os embriões de mundo tensionam as formas em que a vida se encontra plasmada no presente. É que, sendo portadores de futuros, eles são o indício de que a vida está nos impondo a exigência de criarmos outros modos de existência, que se digam com outras palavras, para que ela possa voltar a respirar a cada vez que se encontra sufocada em suas formas e linguagens atuais. Quando ocorre esta inevitável tensão, os modos de existência vigentes e suas palavras perdem seu sentido, o que nos deixa desestabilizados, como que fora de foco. Somos então tomados por uma espécie de nó na garganta que nos causa um desconfortável estranhamento. Atentar para esta sensação é essencial, porque ela funciona como um sinal de alarme que convoca o desejo a agir para recobrar um equilíbrio vital, que nos humanos é indissociavelmente emocional e existencial.

É na resposta do desejo a este sinal de alarme vital que se distinguem suas políticas. Este é precisamente o campo da micropolítica e suas variadas e variáveis perspectivas, das mais ativas às mais reativas.

Quando o desejo se deixa guiar por aquilo que lhe indicam os embriões de futuros, a germinação vai se completando num processo de criação até encontrar palavras, imagens, gestos, etc, que lhes permitam sair do ninho e voar para o mundo. O que resulta disto é uma diferença: um devir de nós mesmos e de nosso campo relacional, com potência de proliferação por toda trama social. Este é o destino ético da pulsão, aquele em que a vida se afirma em sua força de transfiguração.

Poderíamos dizer que o inconsciente é esta fábrica de mundos. Os Guarani sabem que zelar por esta fábrica é sua responsabilidade essencial, e que este é o trabalho de uma vida, um trabalho que se faz coletivamente. Eles sabem que há um tempo próprio para a germinação destes embriões de futuro e que, para que ela vingue, o ninho tem que ser cuidado. Estar à altura desse tempo e desse cuidado para dizer o mais precisamente possível o que sufoca e produz um nó na garganta e, sobretudo, o que está aflorando diante disso para que a vida recobre um equilíbrio — esta é precisamente a tarefa de uma micropolítica ativa.

Nós caras pálidas sob o poder do regime colonial-capitalístico ignoramos esta fábrica de produção de mundos. É que perdemos o acesso à nossa condição de viventes na qual se dá a experiência desta produção: uma dimensão da experiência subjetiva que proponho chamar de "fora-do-sujeito". É neste âmbito que acessamos os afetos: efeitos das forças e suas relações que agitam o fluxo vital de um mundo e atravessam singularmente todos os corpos que o compõem, fazendo deles um só corpo, em variação contínua. Desta perspectiva não há distinção entre sujeito e objeto: o outro, humano ou não-humano, vive efetivamente em nosso corpo (sob a forma de afetos) e o fecunda, produzindo gérmens de mundos em estado virtual. Separados desta experiência, não temos como desenvolver o saber-do-vivo ou saber-eco-etológico que nos permitiria decifrar o que nos acontece por meio do poder de avaliação dos afetos.

Com o corte do acesso à nossa condição de viventes, a subjetividade no regime colonial-capitalístico tende a reduzir-se à sua experiência como sujeito, própria à nossa condição sociocultural e moldada por seu imaginário. O sujeito é o que em nós decifra as formas da existência, seus códigos e suas dinâmicas, por meio da percepção e da cognição (distinta do saber-do-vivo), o que viabiliza a gestão do cotidiano e a sociabilidade. Desta perspectiva o outro é um objeto exterior que nos produz emoções psicológicas (sentimentos), distintas das emoções vitais (afetos) e sobre o qual projetamos representações, o que nos permite situá-lo e a nós frente a ele.

A redução da experiência subjetiva ao sujeito nos faz ignorar que a vida em sua essência é potência de diferenciação contínua, o que nos leva a crer que a forma de mundo em que ela se encontra provisoriamente plasmada no presente seja absoluta e eterna. Sendo assim, quando esta forma se desestabiliza e somos tomados por um nó na garganta, o mal-estar do estranhamento que isto nos provoca se converte em angústia do sujeito pois este o interpreta como sinal do "fim do mundo" e, com ele, de nós mesmos e não como sinal do "fim de um mundo" e, com ele, de uma certa forma do suposto si mesmo, na qual estamos temporariamente corporificados. Diante deste perigo imaginário, nos aterrorizamos e não tendo como absorver esta experiência, ela se torna traumática.

Destituídos do saber-do-vivo e reduzidos ao sujeito, ao interpretarmos o apito da fábrica de mundos como um sinal de alerta de que está ocorrendo uma "coisa ruim", supomos que se é ruim alguém tem culpa. E então, só nos restam duas opções para explicá-lo: o culpado é ou nós mesmos ou algum outro qualquer sobre o qual projetamos a causa de nosso mal-estar. Forma-se assim um teatro de fantasmas do qual somos um dos personagens e seu co-adjuvante é este outro qualquer. Nosso personagem-fantasma baixa então na subjetividade e passa a comandar o desejo, exercendo sobre ele uma pressão para que, numa espécie de ejaculação precoce, recobre rapidamente um equilíbrio que nos livre da angústia.

Um equilíbrio ilusório e fugaz vai ser então produzido por meio da escolha de algo já disponível no ambiente. Este algo pode ser tanto objeto, imagem, etc. como discurso, os quais funcionam nesta dinâmica como mercadorias que consumimos e mimetizamos para nos refazermos um contorno: uma espécie de máscara de corpo-e-fala. Sendo assim, tanto faz escolhermos isso ou aquilo; por exemplo, tanto faz escolhermos um livro de auto-ajuda ou a obra completa de um consagrado filósofo para recobrarmos um contorno discursivo. O resultado da ação do desejo, aqui, será sempre a repetição do mesmo, assim como se repetirá infinitamente o personagem-fanstasma que performamos dia após dia e a projeção do parceiro da cena fantasmática sobre qualquer outro que se apresente. É esta dinâmica do desejo que caracteriza uma micropolítica reativa.

O INCONSCIENTE COLONIAL-CAPITALÍSTICO E A ESPOLIAÇÃO DA FÁBRICA DE FUTUROS

O preço que pagamos pela escolha de uma micropolítica reativa é altíssimo: ao extirparmos de nossa consciência o estranhamento que nos provoca o nó na garganta (tal como sentimos a presença dos embriões de mundo neste ninho), este nos assustam e se tornam nódulos, este se converte num nódulo cancerígeno cujas metástases se ramificam por todo nosso corpo-ninho-de-mundo, se esparraman por seu campo relacional e, como uma peste, vão contaminando todo o corpo social. Interrompem-se assim os processos de germinação e, pior, criam-se as condições para que o sistema vigente possa drenar a pulsão vital de modo a fazê-la produzir de acordo com seus desígnios. A este regime de produção da fábrica do inconsciente proponho dar o nome de "inconsciente colonial-capitalístico".

A espoliação desta fábrica de futuros se dá por meio de uma operação de cafetinagem da pulsão, na própria irrupção de seu movimento acionado pelo alarme vital. Este é desviado de seu curso ético, no qual produziria "novos mundos" em função do que pede passagem, para que, em seu lugar, produza "novidades": mais e mais cenários que multiplicam as oportunidades de investimento e acumulação de capital e excitam a voracidade de consumo numa velocidade exponencial.

O abuso da pulsão é a medula micropolítica do regime colonial-capitalístico. Para viabilizá-lo, o inconsciente é um dos alvos essenciais do mega-empreendimento colonial operado pelo capitalismo, que hoje logrou abarcar o conjunto do planeta, tornando-se globalitário. Nesta sua nova dobra, financeirizada e neoliberal, o abuso da pulsão e a colonização do inconsciente, inseparáveis em sua micropolítica, atingem o grau máximo de requinte perverso.

DESCOLONIZAR O INCONSCIENTE

Descolonizar o inconsciente é o que almeja a insurreição micropolítica: para alcançá-lo é preciso romper o feitiço da relação de abuso que mantém o desejo cativo. Tal ruptura acontece quando descobrimos que por trás de nosso personagem-fantasma e sua esgotadora corrida produtivista — que, neste regime, é condição imaginária de amparo para o sujeito —, há uma miséria vital absoluta que nos sufoca e, pior, que somos nós mesmos os agentes desta miséria e deste sufoco ao nos entregarmos gozosamente à cafetinagem da pulsão, sua espoliação pelo regime colonial-capitalístico.

Aqui também, os Guarani podem vir ao nosso auxílio. Eles consideram o estado de miséria vital como doença. E para eles a doença, seja ela mental, emocional ou orgânica, sempre acontece quando palavra e alma se separam; ou seja, quando a palavra perde sua alma, ou a alma não encontra sua palavra ou se vê impedida de buscá-la. A "cura" consiste então em devolver à linguagem sua alma ou em encontrar a linguagem para dizer o que a alma nos indica.

Se entendermos o termo "alma" como a vida em sua imanência, cujo acesso no humano se dá pela experiência subjetiva fora-do-sujeito, a separação entre palavra e alma não seria precisamente o que define a patologia da micropolítica reativa que predomina sob o regime colonial-capitalístico, como sua condição de possibilidade? Diante disso, o que conquistamos com a quebra do feitiço da sedução pelo regime cafetão é o acesso à experiência fora-do-sujeito, o que nos faz perder o medo de nos aproximar dos embriões de mundo que habitam o ninho-na-garganta. Abre-se assim a possibilidade de desenvolvermos uma escuta aos futuros que tais embriões anunciam em nosso corpo e buscarmos as condições para criar um dizer que os traga ao mundo.

Em outras palavras, face à estratégia micropolítica do regime colonial-capitalístico que consiste em espoliar a fábrica do inconsciente, o que almeja a insurreição nesta esfera é ocupar esta fábrica lançando flechas que injetem saber-do-vivo na produção de subjetividade. O intuito é que fiquemos cada vez mais próximos daquilo que a vida nos pede para perseverar, mais capacitados para responder a suas demandas e estar à sua altura.

NÃO BASTA INSURGIR-SE NA ESFERA MACROPOLÍTICA

Diante do limiar de destruição a que chegamos hoje sob o poder deste regime e da impotência das esquerdas para enfrentá-lo, nos damos conta de que não basta insurgir-se na esfera macropolítica onde atuam tradicionalmente as esquerdas, cujo alvo é a distribuição de lugares menos assimétrica (nos âmbitos social, econômico e político), bem como um Estado que sustente essa ampliação da equivalência de direitos de acesso a bens materiais e imateriais. É preciso insurgir-se igualmente na esfera micropolítica dos regimes de inconsciente e do desejo que garantem ao sistema dominante sua consistência existencial, sem a qual este não se manteria em pé. Sem um trabalho no sentido da transmutação dos personagens oriundos da política de desejo dominante e suas respectivas cenas, tudo volta necessariamente para o mesmo lugar. Nos damos conta, em suma, de que é inadiável aliarmos os combates micro e macropolítico nos campos relacionais de nossa existência cotidiana, em nossos movimentos individuais e coletivos de insurreição.

Não será exatamente isso o que está acontecendo hoje pelo mundo, cada dia mais intensa e extensamente, face à paisagem sinistra que se instalou no planeta? É inegável que uma radical transfiguração das formações do inconsciente no campo social — suas cenas e seus personagens — vem sendo promovida principalmente por mulheres, LGBTQI, negros e indígenas, sobretudo entre as novas gerações. São gestos guerreiros que nos convocam, cada um à sua maneira, a ocuparmos a fábrica do inconsciente, formando campos sinergéticos que favoreçam nossa ousadia e nos sustentem nesta empreitada.

A URGÊNCIA DA INSURREIÇÃO MICROPOLÍTICA

O desafio maior que hoje se impõe a nós é o do trabalho implicado na descolonização do inconsciente, pois o combate na esfera micropolítica é muito mais recente do que aquele que se dá na esfera macropolítica, para o qual contamos com um acúmulo de experiências de quase dois séculos e meio (se datarmos o início deste tipo de insurreição entre 1789 e 1791, com as Revoluções Francesa e Haitiana, respectivamente) ou de um século e meio (se o datarmos em 1871 com a Comuna de Paris, por seu caráter socialista).

Tal desafio requer que refinemos nosso diagnóstico do regime de inconsciente hegemônico e seus efeitos tóxicos na existência individual e coletiva, os quais viabilizam a submissão ativa de nosso desejo à exploração da vida para a produção de capital. Requer igualmente que criemos dispositivos de combate adequados à esfera micropolítica. Ambos objetivos dependem de uma insurreição micropolítica no próprio exercício do pensamento: nos deslocarmos de uma perspectiva logocêntrica, própria de uma subjetividade reduzida ao sujeito, para em seu lugar nos guiarmos por uma bússola ética, cuja agulha aponta para aquilo que permite que a vida se libere de sua espoliação e recupere sua potência criadora. Em outras palavras, trata-se de adotar a vida como critério de avaliação do presente, bem como de escolha das ações do desejo perante seus impasses. Esta é a condição para a produção de uma vida não-cafetinada pelo e para o capital.

O enfrentamento deste desafio exige um trabalho infinito de cada um e de muitos: é neste horizonte que se situam as sugestões a seguir.

DEZ SUGESTÕES PARA UMA CONTÍNUA DESCOLONIZAÇÃO DO INCONSCIENTE

1. Desanestesiar nossa vulnerabilidade às forças em seus diagramas variáveis, reconhecendo na vulnerabilidade a potência da subjetividade em sua experiência fora-do-sujeito;

2. Ativar o saber-do-vivente, um saber-eco-etológico e expandí-lo ao longo de nossa existência;

3. Desobstruir cada vez mais o acesso à tensa experiência da estranheza-no-familiar: a incontornável inquietude provocada pela relação paradoxal entre a experiência do embrião de mundo "estranho-no--ninho", própria do fora-do-sujeito e a experiência de familiaridade, própria do sujeito;

4. Não denegar a fragilidade resultante da desterritorialização desestabilizadora que o estado de estranheza-no-familiar promove inevitavelmente;

5. Não interpretar a fragilidade deste estado instável como “coisa ruim”, nem projetar leituras fantasmáticas sobre o desconforto que este estado nos gera. Tais leituras são falsas explicações fabuladas pelo sujeito, provocadas por seu medo de desamparo e de falência e suas consequências imaginárias: o repúdio, a rejeição, a humilhação — em suma, o medo do desamor e os espectros aterrorizadores que este moviliza, tais como a exclusão social e, no limite, a loucura;

6. Não ceder à vontade de conservação das formas de existência e à pressão que esta exerce contra a vontade de potência da vida em seu impulso de produção de diferença. Ao contrário, buscar sustentar-se no fio tênue deste estado instável da estranheza-no-familiar até que a imaginação criadora construa um lugar de corpo-e-fala que, por ser portador da pulsação do embrião que habita o corpo-ninho, seja capaz de atualizar o mundo virtual que esta experiência anuncia, permitindo assim que as formas agonizantes acabem de morrer;

7. Não atropelar o tempo próprio da imaginação criadora, para evitar o risco de interromper a germinação de um mundo. Tal interrupção mortífera tor-

na a imaginação vulnerável a deixar-se expropriar pelo regime colonial-capitalístico, submetendo-se ao imaginário que ele nos impõe sedutoramente. Isso a torna totalmente estéril: no lugar do exercício criador (exigido pela vida), o qual envolve a criatividade mas não se reduz a ela, a imaginação passa a reduzir-se ao exercício criativo (dissociado da vida), a serviço das necesidades do regime.

8. Não abrir mão do desejo em sua ética de afirmação da vida, agindo à altura de sua vontade de perseveração. Isto implica mantê-la o mais possível fecunda a cada momento, fluindo em seu processo ilimitado de diferenciação de formas e valores;

9. Não negociar o inegociável: tudo aquilo que obstaculiza a afirmação da vida, em sua essência de potência transfiguradora. Aprender a distingui-lo do negociável: tudo aquilo de que se pode abrir mão porque não debilita a força vital instituinte mas, ao contrário, gera as condições objetivas para que se produza um acontecimento, cumprindo-se assim seu destino ético;

10. Praticar o pensamento em sua plena função: indissociavelmente ética, estética, política, crítica e

clínica. Isto é, reimaginar o mundo em cada gesto, cada palavra, cada relação com o outro (humano e não humano) e cada modo de existir — toda vez que a vida assim o exigir.

É evidente que tais sugestões não pretendem ser um receituário para se atingir uma suposta "cura" dos efeitos patológicos de nossa cultura, numa espécie de messianismo clínico-artístico-micropolítico, que viria substituir o tão combalido messianismo macropolítico contido na utopia revolucionária — ambos herdeiros da ideia de paraíso onde a vida encontraria enfim a suposta estabilidade eterna.

Estes são cenários imaginários que tem por função apaziguar nossa angústia diante da inexorável instabilidade da vida; angústia própria de uma subjetividade reduzida ao sujeito que, sob o jugo do regime de inconsciente colonial-capitalístico, perdeu o acesso ao vivo. Sustentar-nos nesta instabilidade para encarnarmos o mais possível a vida em sua força de variação transfiguradora, é isso o que nos ensinam os Guarani. Um ensinamento essencial para a tarefa de descolonização do inconsciente, fim maior da insurreição micropolítica.

Cadernos ultramares

1. O movimento modernista *Mário de Andrade*
2. As ideias fora do lugar *Roberto Schwarz*
3. Temporalidades *Gabriel Cohn*
4. O ressentimento no Brasil *Maria Rita Kehl*
5. A grande porta do medo *Rogério Duarte*
6. O entre-lugar do discurso latino-americano *Silviano Santiago*
7. A fratura brasileira do mundo *Paulo Arantes*
8. A Gaia Ciência — Literatura e música popular no Brasil *José Miguel Wisnik*
9. Breve história crítica do feminismo no Brasil *Carla Rodrigues*
10. A paixão de Clarice *Benedito Nunes*
11. Vampiros & coqueiros *Jorge Mautner*
12. O homem cordial *Sérgio Buarque de Holanda*
13. Pedaços *Luiz Rosemberg Filho*
14. Antropofagia Zumbi *Suely Rolnik*
15. Alegoria, modernidade, nacionalismo *Ismail Xavier*
16. O dois e seu múltiplo *Tânia Stolze Lima*
17. A roupa da Rachel *Heloísa Buarque de Hollanda*
18. Experimentar o experimental *Hélio Oiticica*
19. O futuro da ideia de autor *Francisco Bosco*
20. A estética do frio *Vitor Ramil*
21. No palácio de Moebius *Nuno Ramos*
22. Sobre a potência política do inumano *Vladimir Safatle*
23. O problema da filosofia no Brasil *Bento Prado Jr.*
24. Toda comunidade é fascista? Um elogio do nomadismo *Márcio Seligmann-Silva*
25. Revisão dos cem anos de canção brasileira *Luiz Tatit*
26. A produção tardia do teatro moderno no Brasil *Iná Camargo Costa*
27. O espetáculo da miscigenação *Lilia Moritz Schwarcz*
28. Textos tropicais *Antonio Risério*
29. Geração revoltada *Antônio de Alcântara Machado*

30. She don't lie *Tales Ab'Saber*
31. Retrato do Brasil — parte I *Paulo Prado*
32. Retrato do Brasil — parte II *Paulo Prado*
33. Discurso aos tupiniquins ou nambás *Mário Pedrosa*
34. Arte e tecnologia *Mário Schenberg*
35. Política urbana no Brasil *Raquel Rolnik*
36. Mística e antimística *Eduardo Guerreiro B. Losso*
37. Surrealismo no Brasil *Claudio Willer*
38. A inserção do negro e seus dilemas *Joel Rufino dos Santos*
39. Arte afro-brasileira: o que é afinal? *Kabengele Munanga*
40. "Cultura" e cultura: conhecimentos tradicionais e direitos intelectuais *Manuela Carneiro da Cunha*
41. Zoopoéticas contemporâneas *Maria Esther Maciel*
42. Ouvindo Racionais MC's *Walter Garcia*
43. Cultura e alienação *Darcy Ribeiro*
44. Borges e Machado: clássicos e formativos *Luís Augusto Fischer*
45. Por um cinema sem limite *Rogério Sganzerla*
46. Do quasi cinema ao transcinema *Katia Maciel*
47. A melancolia de Ulisses *Olgária Matos*
48. Jamais fomos humanos *Fréderic Vandenberghe*
49. Mal-estar, sofrimento e sintoma *Christian Dunker*
50. O ensaio como narrativa *Pedro Duarte*
51. Manifesto dos educadores *1932-1959*
52. Em busca da sociologia não paroquial *Renan Springer de Freitas*
53. Inquérito nacional de arquitetura *1961*
54. Tradição delirante *Ericson Pires*

www.ingramcontent.com/pod-product-compliance
Lightning Source LLC
LaVergne TN
LVHW051936220826
846093LV00018B/558

* 9 7 8 6 5 8 6 9 6 2 4 9 9 *